JIM DAVIS

GARFIELD
lance et compte

TRADUIT DE L'AMÉRICAIN PAR
JEAN-ROBERT SAUCYER

© **1998 Paws Inc.**
Tous Droits réservés

Version française:
Presses Aventure, une division de
Les Publications Modus Vivendi Inc.
C.P. 213, Dépôt Sainte-Dorothée
Laval (Québec)
Canada
H7X 2T4

Dépôt légal: 1ier trimestre 1998
Bibliothèque nationale du Québec
Bibliothèque nationale du Canada

ISBN: 2-922148-31-9

 **et ses imitations**

DIRIGEABLE

BALEINE ÉCHOUÉE

PLANÈTE LOURDE

HIPPOPOTAME COMATEUX

MONT EVEREST

SOFA TROP REMBOURRÉ

GARFIELD, JE SAIS QUE TU AS HÂTE À NOËL

COMME JE SAIS QUE TU ES CURIEUX DE SAVOIR QUEL EST TON CADEAU

MAIS RANGE CE DÉTECTEUR DE MÉTAL!

JIM DAVIS 12-23

USONS DE PRÉCAUTION! IL M'A PEUT-ÊTRE OFFERT UNE GAMELLE EN FINE PORCELAINE

JIM DAVIS 12-24

ZUT!

C'EST CELUI DE ODIE

CRASH!

L'HEURE DU BILAN A SONNÉ

VOYONS... J'AI MANGÉ ET DORMI, ET JE N'AI RIEN ACCOMPLI QUI AIT LA MOINDRE PORTÉE SOCIALE

JE SUIS SI FIER DE MOI!

JIM DAVIS 12-30

VOYONS... CETTE ANNÉE, J'AI BOUFFÉ 2 190 REPAS ET FAIT 1 822 SIESTES

OH NON! SELON LES CHIFFRES, J'AI LOUPÉ UNE SIESTE EN AVRIL ET DEUX EN JUILLET!

EUH... GARFIELD?

SILENCE! JE SUIS À LA RECHERCHE DU TEMPS PERDU!

JIM DAVIS   12-31

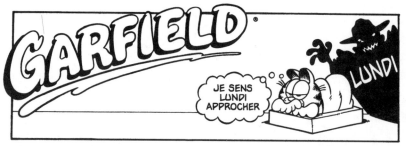

CE RÉGIME M'AFFAME À TEL POINT QUE JE NE PEUX PLUS DORMIR...

CE QUI ME PRIVE DE BOUFFE ET DE SOMMEIL, DEUX DE MES TROIS RAISONS D'ÊTRE

SI LA TROISIÈME N'ÉTAIT PAS L'APITOIEMENT, JE M'ENLÈVERAIS LA VIE!

DOIS-TU JOUER AVEC TES ALIMENTS?

QUI JOUE? J'EXTRAIS LES VITAMINES

JIM DAVIS 1-13

JIM DAVIS 1-14

TU DORS ENCORE?

JE NE DORS PAS

JE VÉRIFIE L'OPACITÉ DE MES PAUPIÈRES

T'AS ACHETÉ DE NOUVELLES CHAUSSETTES!

DONNE! JE VAIS LES ÉTRENNER!

ALLONS DANSER! ALLONS DANSER!

CELA EXPLIQUE POURQUOI LES PIEDS ME DÉMANGEAIENT!

ON PRÉTEND QUE LES CHATS VOIENT DANS LE NOIR...

HÉ! C'EST VRAI! JE PEUX VOIR!

CLIC

JE VOIS DU NOIR

JE TIRERAI UN MALIN PLAISIR À PROJETER ODIE EN BAS DE LA TABLE

CRASH!

C'ÉTAIT AGIR SANS AUCUN ÉGARD!

RIEN N'ÉGALE UNE SOIRÉE CALME À LA MAISON!

CLIC

CLIC
CLIC
CLIC
CLIC

1986 United Feature Syndicate, Inc.

MIAM
MIAM
MIAM.

BONG!

GRATT
GRATT
GRATT
GRATT

PAS ICI, À TOUT LE MOINS!

© 1988 United Feature Syndicate, Inc.

ARRIÈRE, GARFIELD! J'AI L'INTENTION DE MANGER CE GÂTEAU SEUL

mi**a**m!

TE VOILÀ SEUL, À PRÉSENT!

ALLEZ! NE VOIS-TU PAS QUE J'ATTENDS TON VERDICT!

JE NE SAIS PAS SI J'AI LE COEUR À LE DIRE...

TU AS UN COEUR?

ET TOI, UN VISAGE?

GARFIELD

EUF

PERSONNE NE M'AIME. JE SUIS VIEUX ET GROS

VOIS MAMAN! UN PETIT CHATON!

"PETIT", ELLE A DIT!

ICI PETIT MINET, MINET, MINET

BRAVE PETITE!

JE NE DIRAIS NI PETIT, NI CHATON, MA CHÉRIE

QUE DIRAIS-TU, MAMAN?

HUM... GROS ET VIEUX, ASSURÉMENT

ICI GROS ET VIEUX MINET, MINET, MINET

CRUEL EST LE JOUR QUI M'A VU NAÎTRE!

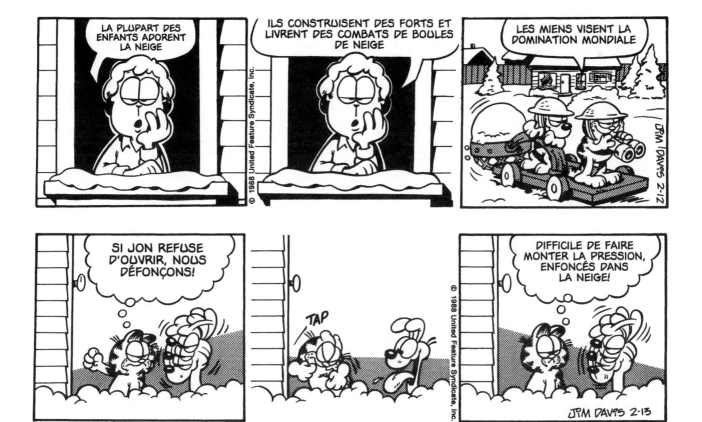

GARFIELD, TU VIENS DE FAIRE LA SIESTE. QUE FAIS-TU ENCORE AU LIT?

JE SUIS TON CONSEIL

TU M'AS DIT : "NE REMETS JAMAIS À DEMAIN CE QUE TU PEUX FAIRE AUJOURD'HUI"

JE FAIS AUJOURD'HUI MA SIESTE DE DEMAIN

JIM DAVIS 2-15

ÇA VA! JE RENONCE

JE MESURAIS LE FRIGO, EN PRÉVISION D'UNE PORTE BATTANTE

JIM DAVIS 2-16

ME VOICI ENCORE À RÉFLÉCHIR À MON EXISTENCE

© 1988 United Feature Syndicate, Inc.

... À MA PLACE DANS L'UNIVERS

© 1988 United Feature Syndicate, Inc.

... AUX EXCÈS DE TABLE QUI M'EMPÊCHENT DE BOUGER

JIM DAVIS 2-19

S'IL Y AVAIT UN SIGNE POUR TE FAIRE COMPRENDRE QUE TU ES TROP GROS

JIM DAVIS 2-20

© 1988 United Feature Syndicate, Inc.

VADABOUM

ALORS, QU'EN DÉDUIS-TU?

QUE DÉSORMAIS JE PRENDRAI MES REPAS SUR LE SOL

TU DEVRAIS PEUT-ÊTRE SAUTER LE DESSERT, CE SOIR

PAF PAF PAF PAF PAF

JON! PARLE-MOI! TU DÉLIRES, VIEUX!

TU M'AS REMIS LES IDÉES EN PLACE

ON DIT QUE LES MAÎTRES RESSEMBLENT SOUVENT À LEURS ANIMAUX FAMILIERS

JE FERAIS BIEN DE ME RASER

JE COURS CHEZ UN CHIRURGIEN ESTHÉTIQUE

LES CHATS SUSCITENT PLUSIEURS ÉMOTIONS CHEZ LES HUMAINS : L'ÉMERVEILLEMENT, L'AMOUR, LE PLAISIR...

LA CULPA-BILITÉ

AVANT DE COMMENCER À MANGER, NOUS DEVRIONS COURBER LA TÊTE ET DIRE MERCI

BONNE IDÉE!

MERCI!

T'AS RIEN COMPRIS, GARFIELD

PLOUP

GARFIELD, TU ES LA DISGRÂCE DES FÉLINS

EN FAIT, JE SUIS PLUTÔT UNIQUE

L'UN DES RARES MAMMIFÈRES À POUVOIR RESPIRER SOUS SA PÂTÉE!

BOIS UN PEU D'EAU, MON AMIE

LAISSONS ÉGOUTTER TON SOL UN INSTANT

JE SAVAIS QU'ON EN ARRIVERAIT LÀ SI JON NE SORTAIT PAS LES ORDURES

ALLONS ODIE! UN PEU PLUS HAUT!

TAP TAP
TAP
TAP
TAP
TAP TAP
TAP TAP

QUE FAIS-TU GARFIELD?

DEVINE!

© 1988 United Feature Syndicate, Inc.

DANSES-TU? TE FÂCHES-TU?

NON

AS-TU FAIM?

DEVINE ENCORE!

CHERCHES-TU À ME PRÉVENIR D'UN DANGER?

TU NE DEVINERAS JAMAIS

ES-TU BLESSÉ?

JAMAIS DANS CENT ANS!

3-6

ARRÊTE! TU ME RENDS DINGUE!

ZUT! IL A DEVINÉ

JPM DAVPS

DE QUOI AI-JE L'AIR?

D'UN VIEUX DÉBRIS, À QUELQUES ANNÉES PRÈS

JE PORTE PLUTÔT BIEN MES RONDEURS

DEPUIS LE TEMPS, T'AS LA PRATIQUE!

CROIS-TU QUE LES ANS FINIRONT PAR ALTÉRER MON PROFIL?

SI, AVEC UN PEU DE CHANCE

AI-JE UN MENTON VOLONTAIRE?

DUQUEL PARLES-TU?

MERCI DE TES IMPRESSIONS, NERMAL!

JE T'EN PRIE

UN PHILOSOPHE A DIT : "JE PENSE, DONC JE SUIS."

PAUVRE ODIE! IL N'A PAS CON-SCIENCE DE SON INEXISTENCE!

IL PARAÎT QUE VIVRE DE FANTASMES REND UNE PERSONNALITÉ PLUS ATTRAYANTE

J'EN SUIS L'ILLUSTRATION VIVANTE

LORSQUE JE BOUFFE, JE FANTASME AU SOMMEIL; LORSQUE JE DORS, JE FANTASME À MA PROCHAINE BOUFFE

© 1988 United Feature Syndicate, Inc

BONJOUR GARFIELD! VOICI DES OEUFS AU LARD, DES BRIOCHES ET DU CAFÉ BIEN CHAUD!

JE N'EN FERAI QU'UNE BOUCHÉE

OUAH!

ZUT!

BIEN JOUÉ JON! TU M'AS PRESQUE RÉVEILLÉ UN LUNDI MATIN!

N'AYEZ CRAINTE, M. ARBUCKLE

LÉCHER LES FOUETS D'UN MIXEUR NE PEUT CAUSER DE TORT À VOTRE CHAT

MAIS ADMETTONS QUE LE MIXEUR FONCTIONNAIT AU MOMENT OÙ...

ZOUM

ODIE, POURQUOI TE CONTENTER D'UNE DEMI-MESURE?

FOIN DE LA TIMIDITÉ!

BOUM!

3-23

© 1988 United Feature Syndicate, Inc.

JIM DAVIS

GARFIELD, SI TU TE COMPORTES COMME UN MEUBLE, JE VAIS TE TRAITER COMME UN MEUBLE

JIM DAVIS

SES MENACES NE M'ATTEIGNENT PAS

HA HA HA. TRÈS DRÔLE, JON

© 1988 United Feature Syndicate, Inc.

3-24

GARFIELD, J'AI UNE IDÉE!

NOUS ALLONS RETROUVER LA FORME EN PATINANT

IL NE RESTE PLUS QU'À Y ALLER!

VOICI VENIR LE ROI DU PATINAGE, SUR UNE SEULE JAMBE!

AIIEEEEEE!

C'ÉTAIT MON MAÎTRE, «ROI DU PATINAGE, DEVENU DÉCORATION DE PARE-BRISE»

CONDUIS-MOI CHEZ LA VÉTÉRINAIRE, JON

J'AI DU MAL À DORMIR. ON DIRAIT QUE JE VIENS DE ME COUCHER...

PUIS, BOUM, DOUZE OU TREIZE HEURES PLUS TARD, JE SUIS ÉVEILLÉ COMME EN PLEIN JOUR!

HEU-HEU! SNIF!

MA DERNIÈRE HEURE EST PEUT-ÊTRE VENUE. FASSE QUE JE LA PASSE DANS LE CONFORT DE MA MAISON!

T'AS PAS OUBLIÉ LE RENDEZ-VOUS CHEZ LA VÉTÉ, HEIN?

JE NE REVERRAI PEUT-ÊTRE PLUS JAMAIS CES QUATRE MURS!

JIM DAVIS 3-28

JIM DAVIS

3-29

JE SAIS QUE L'INSOMNIE EST UNE CHOSE TERRIBLE. AUSSI JE VAIS TE TENIR COMPAGNIE

VOYONS... JE VAIS TE RÉGALER AVEC UNE ANECDOTE DE MA VIE SUR LA FERME...

Z

4-1

© 1988 United Feature Syndicate, Inc.

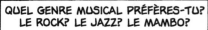

QUEL GENRE MUSICAL PRÉFÈRES-TU? LE ROCK? LE JAZZ? LE MAMBO?

ÉCOUTE BIEN

JPM DAVIS

WHIRRRRR DARLA-DIRLA DADA!

© 1988 United Feature Syndicate, Inc.

4-2

ODIE, MONTONS UN SPECTACLE POUR DISTRAIRE JON

© 1988 United Feature Syndicate, Inc.

TAP TAP TAP TAP TAP TAP

BLUP!

SPLASH

Z

JIM DAVIS 4-3

RIP!

CLAW

SLASH

FTTT!

GRRR!

QU'AI-JE DONC FAIT?

DRINNNG!

CE QUE JE DÉTESTE PAR RAP-PORT À L'IRRITATION NÉE D'UN OBJET INANIMÉ, C'EST QU'IL N'EXISTE AUCUN MOYEN RATIONNEL DE S'EN VENGER

HEUREUSEMENT, JE NE SUIS PAS UN ÊTRE RATIONNEL!

JIM DAVIS 4-4

LES PROS DU CABARET VOUS DIRONT QU'IL FAUT SAISIR CE QUE LE PUBLIC VEUT ET LE LUI OFFRIR

BONK! SPLAT! WHAP!

APPAREMMENT, MON PUBLIC VEUT UNE CIBLE

JIM DAVIS 4-5

TU REGARDES BEAUCOUP TROP LA TÉLÉ, GARFIELD. EN ES-TU CONSCIENT?

JE NE SAIS PAS LIRE. QUELLE EST TA RAISON?

CIEL! TU N'ES PAS MINCE!

HÉ! UN TAS DE GROS LARD PAR ICI!

WHAM!

ON DIT QUE L'ODORAT DU CHIEN EST TRÈS DÉVELOPPÉ

WHAM!

HÉLAS! IL NE SENT PAS VENIR UN COUP DE PIED AU DERRIÈRE

4-22

JIM DAVIS

CAPITAINE, LE RADAR DÉTECTE UNE SUBSTANCE COMESTIBLE À LA SURFACE!

4-23

GARFIELD

HISSEZ LE PÉRISCOPE!

GARFIELD

JIM DAVIS

GARFIELD

CHERCHES-TU À ME RENDRE JALOUX?

LE PETIT-DÉJEUNER EST SERVI!

4-24

COMMENT TROUVES-TU TON CAFÉ?

JPM DAVIS

PAS MAL

BIEN!

ODIE SEMBLE RÊVER QU'IL POURCHASSE QUELQUE CHOSE

VOYONS S'IL L'ATTRAPERA!

© 1988 United Feature Syndicate, Inc.

CRASH!

OUAIS

JIM DAVIS 5-8

IL A ATTRAPÉ LE DIFFUSEUR DE CHALEUR

LES VOISINS M'ONT CONFIÉ LEUR FOUGÈRE POUR LE WEEK-END

LES DIRECTIVES SONT PLUTÔT SIMPLES

PREMIÈRE ÉTAPE : L'ARROSAGE (VOIR LA SECTION 26 DU PARAGRAPHE 12)

SAUTE AU PARAGRAPHE QUI DIT QUE LES CHATS BOUFFENT LES FOUGÈRES

À PLUS TARD, GARFIELD! JE COURS CHERCHER DE L'EAU DE SOURCE ET DE L'ENGRAIS

SAPRISTI! JON GÂTE BEAUCOUP CETTE FOUGÈRE

JE ME CONTENTE DE PLAISIRS SIMPLES, TELS QU'UNE SIESTE AU SOLEIL

CELA DOIT CESSER!

GARFIELD, SAIS-TU CE QUI EST ADVENU DE MON PAIN À L'AIL?

POURQUOI LE SAURAIS-JE?

FIOU

ZUT! DES FLEURS MOUCHARDES!

© 1988 United Feature Syndicate, Inc.

5-18

PUIS-JE MANGER CE GÂTEAU, S.V.P.?

SI, AVEC PLAISIR!

QU'ATTENDS-TU GARFIELD?

PAS SÛR DE VOULOIR D'UN GÂTEAU QUI S'OBTIENT SI FACILEMENT!

© 1988 United Feature Syndicate, Inc.

5-19

DONNE-MOI TON AVIS GARFIELD

CES COULEURS SONT-ELLES TROP CRIARDES?

NON

J'EN AI LES TYMPANS ÉBRANLÉS

JIM DAVIS 5-20

LA LÉTHARGIE A CECI DE BIEN...

ON Y PARVIENT SANS SE FATIGUER!

JIM DAVIS

5-21

VOICI VENIR M. POLYCARTE, LE FAC-TEUR! BONJOUR M. POLYCARTE! DU COURRIER POUR MOI?

SI, ONCLE MOMO. TENEZ! LE COMPTE DE TAXES ET VOTRE MAGAZINE "PLAISIRS DU CUIR ET DE LA MOTO"

ET AUSSI UNE LETTRE DE L'AVOCAT DE VOTRE EX-FEMME...

VOILÀ UN ASPECT D'ONCLE MOMO QUE JE NE CONNAISSAIS PAS

ÇA VOUS DIT DE FAIRE UNE PROMENADE AVEC ONCLE MOMO, LES PETITS?

SI, ONCLE MOMO

NOUS VOICI DEVANT CHEZ MOI. HÉ! QU'EST-CE QUE VOUS FAITES LÀ?!

À L'AIDE! TITOTO EST EN TRAIN DE VOLER MES ENJOLIVEURS!

CE DOIT ÊTRE LA SEMAINE OÙ ON MESURE L'AUDIMAT

© 1988 United Feature Syndicate, Inc.

BONJOUR LES PETITS! JE VOUS AIME TELS QUE VOUS ÊTES!

JE VOUS AIME AUSSI, ONCLE MOMO!

JE PORTE UN PLÂTRE AUJOURD'HUI À CAUSE DU CLOWN TITOTO QUI M'A ATTAQUÉ ET QUE J'AIME QUAND MÊME TEL QU'IL EST...

DERRIÈRE LES BARREAUX!

ONCLE MOMO N'EST QU'UN HOMME, APRÈS TOUT

© 1988 United Feature Syndicate, Inc.

JIM DAVIS 5-27

SAVEZ-VOUS COMMENT REPÉRER UN PARESSEUX?

UN VRAI PARESSEUX NE TERMINE JAMAIS...

© 1988 United Feature Syndicate, Inc.

JIM DAVIS 5-28

Z

VILAIN PARESS EUX!

N'AS-TU AUCUN BUT DANS LA VIE?

OUI, BOUFFER UNE AUTRUCHE!

N'AIMERAIS-TU PAS ESCALADER LE MONT EVEREST ET CRIER : "J'Y SUIS PARVENU!"?

L'AMBITION ME FAIT SAIGNER LE NEZ

6-8 JIM DAVPS

TU NE BOUGES JAMAIS DE CET ENDROIT

NON, MAIS J'Y AI SONGÉ

TU N'ES PAS UN CHAT DIGNE DE CE NOM

TU ES UNE LIMACE À POILS

TIRE ALORS QUE JE SUIS SUR LE DOS!

JIM DAVPS 6-9

QUI S'EST SERVI DES CLÉS LA DERNIÈRE FOIS?

EUH... TU CONNAIS LA CURIOSITÉ LÉGENDAIRE DES CHATS?

BIEN... J'AI TROUVÉ PAR HASARD TES CLÉS D'AUTO ET ODIE ET MOI... EUH...

ALORS? QU'ESSAIES-TU DE ME DIRE, GARFIELD?

VRMM

LAISSE TOMBER

DIS JON, C'EST GRAVE QUAND LES PHARES SONT DIRIGÉS EN DIRECTIONS OPPOSÉES?

JIM DAVIS 6-12

EUF

SCRONTCH GRATT GRATT SCRONTCH

C'EST BIEN CE QUE JE CRAIGNAIS

MON ANNIVERSAIRE A FINI PAR ME RATTRAPER

CLIC

JIM DAVIS 6·13

GARFIELD, JE SAIS QUE TU ES DÉPRIMÉ À L'APPROCHE DE TON ANNIVERSAIRE...

MAIS SACHE QUE L'ÂGE, C'EST AVANT TOUT DANS LA TÊTE

VOYONS VOIR... QUEL ÂGE AURAS-TU DONC?

ENVIRON 12 MILLIONS D'ANNÉES, À UN OU DEUX MILLÉNAIRES PRÈS

JIM DAVIS 6·14

J'AURAI BIENTÔT DIX ANS. MAIS QUE REPRÉSENTE LE CHIFFRE DIX?

DIX, CE SONT DEUX MAINS ET DEUX ORTEILS

POURQUOI AI-JE PEUR D'AVOIR DIX ANS?

POURQUOI AI-JE PEUR D'ADMETTRE QUE JE VIEILLIS?

ET POURQUOI LES VAUTOURS SURVOLENT-ILS MON LIT?

GARFIELD, TU AURAS BIENTÔT DIX ANS

CHACUN RÉAGIT AU VIEILLISSEMENT À SA FAÇON

TU N'AIMERAIS PAS VIEILLIR AVEC GRÂCE?

JE REFUSE DE VIEILLIR SANS COMBATTRE, TU M'ENTENDS?

IL FAUDRA ME PROPULSER PIEDS ET POINGS LIÉS DANS MA NOUVELLE ANNÉE

APRÈS LA PRÉSENTATION DES CADEAUX ET DU GÂTEAU, BIEN ENTENDU!

DEVINE À QUOI NOUS OCCUPERONS CETTE JOURNÉE!

UN INDICE : IL S'AGIT DE DONNER DES COUPS À L'AIDE D'UNE CANNE

© 1988 United Feature Syndicate, Inc

NOUS ALLONS JOUER AU GOLF!

J'AI CRU UN INSTANT QU'IL ALLAIT SE DÉCROCHER UNE NANA

JIM DAVIS 6-22

IL S'AGIT D'UN COUP PLUTÔT DÉLICAT, GARFIELD

DE QUEL CÔTÉ CROIS-TU QU'ELLE IRA?

HUM

© 1988 United Feature Syndicate, Inc

JIM DAVIS 6-23

À DROITE, JE CROIS

JE SAIS QU'IL Y A DES PARCOURS DE GOLF DIFFICILES...

MAIS DES SABLES MOUVANTS?

QUE FAIS-TU LÀ, GARFIELD?

SLUUUCK!

J'ASPIRE LE FROMAGE TA LASAGNE

SLUUUCK!

TU ASPIRES LE FROMAGE DE MA LASAGNE

RIEN NE LUI ÉCHAPPE

CROIS-TU QUE J'AI ENVIE D'ÊTRE VU EN PUBLIC AVEC TOI VÊTU DE LA SORTE?

CLIC

POURQUOI JE PASSE DES NUITS BLANCHES À VISIONNER DE VIEUX FILMS D'HORREUR?

ET SI UN MONSTRE ÉTAIT CACHÉ SOUS MON LIT?

JIM DAVIS 6-26

IDIOT! UN MONTRE NE POURRAIT S'INFILTRER LÀ-DESSOUS!

À MOINS QU'IL NE SOIT BIEN MINCE

© 1988 United Feature Syndicate, Inc.

LE SOLEIL DEVRAIT BIENTÔT SE LEVER!

UNE CHOSE EN FAVEUR D'ODIE...

IL N'AURA JAMAIS DE TROUBLE MENTAL...

PAS DE CERVEAU!

VOICI VENIR DES JEANNETTES ET LEURS BISCUITS!

HALTE! DES PISTES DE CHAT ET DES BRANCHES BRISÉES. ON NOUS TEND UNE EMBUSCADE. ARRIÈRE TOUTES!

J'AURAIS DÛ M'HABILLER EN LOUVETEAU

GARFIELD ENTREPREND UN NOUVEAU RÉGIME AUJOURD'HUI

QUI MARQUE ÉGALEMENT LE PREMIER JOUR DE...

TRICHERIE

JIM DAVIS   7-11

EUF

JIM DAVIS   7-12

UNNGH!

ET CE RÉGIME, GARFIELD?

LA FERME ET TROUVE-MOI UN CHAUSSE-PIED!

WHAM!

GARFIELD, À TABLE!

JE VEUX BIEN, MAIS MES LÈVRES SONT COINCÉES DANS LA BOÎTE AUX LETTRES

LE TENNIS EST L'UN DE MES SPORTS PRÉFÉRÉS. QUEL SPORT PRÉFÈRES-TU GARFIELD?

FORCÉMENT

7-16

CROUICCCC

LA MOMIE SE RÉVEILLE AU BOUT DE TROIS MILLE ANS

ET RÈGLE LE RÉVEIL POUR UN AUTRE SIÈCLE

JIM DAVIS 7-20

SAPRISTI! J'AI FAIM!

QUE PEUT BIEN MANGER UNE MOMIE?

QUAND JE SONGE AUX PETITS-DÉJ' DE MON ENFANCE

L'ODEUR DES OEUFS AU BACON RÉPANDUE DANS LA MAISON...

LES RICANEMENTS DE MAMAN QUAND ELLE FAISAIT DES TRACES SUR LES CRÊPES AVEC MES CHAUSSONS DE BÉBÉ

LA BONNE FEMME EST À LIER

© 1988 United Feature Syndicate, Inc.

JIM DAVIS 7-22

À VOS MARQUES...

© 1988 United Feature Syndicate, Inc.

PRÊTS...

JIM DAVIS 7-23

BLOP

Z